ᑐᖑᔪᖅᑐᖅ ᓇᓴᖅ
TUNGUJUQTUQ NASAQ
THE HAT IS BLUE

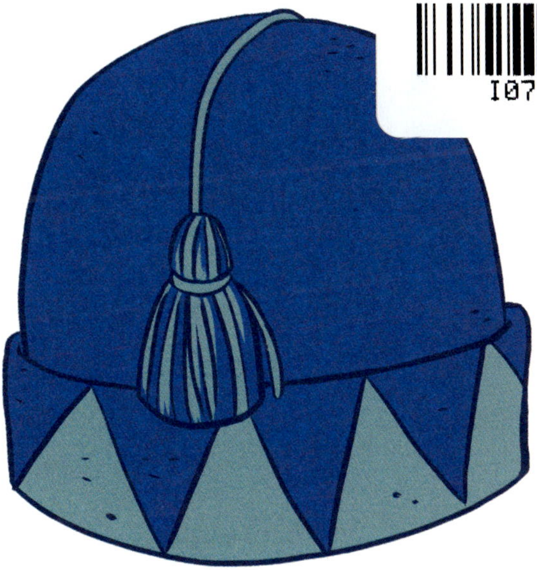

ᑎᑎᖅᑐᒐᖅᑐᖅ
ᐊᒫᓐᑕ ᓵᓐᑦᓚᓐᑦ

TITIQTUGAQTUQ ILLUSTRATED BY
Amanda Sandland

ᑐᖑᔪᖅᑐᖅ ᓇᓴᖅ.

Tungujuqtuq nasaq.

The hat is blue.

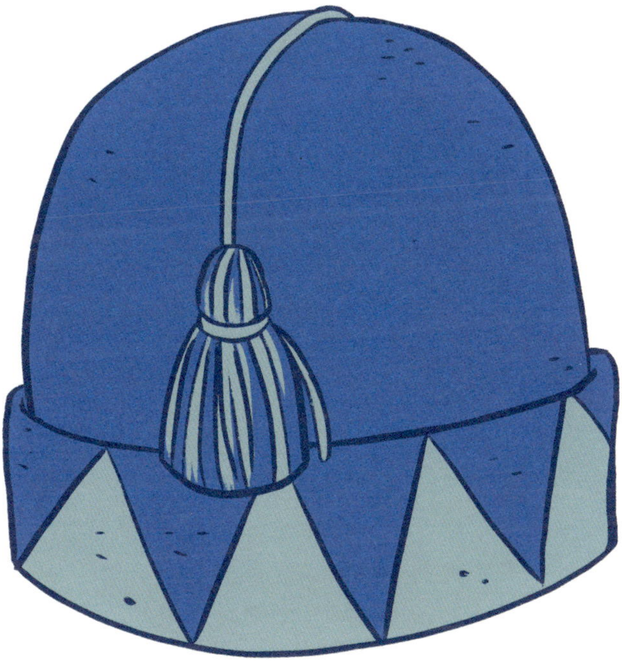

ᐊᐅᐸᖅᑐᖅ ᐋᐳ.

Aupaqtuq aapu.

The apple is red.

ᐃᔅᓯ ᖁᖓᓯᕈᖅ.

Issi qungasiruq.

The scarf is purple.

ᐆᔭᐅᔭᖅ ᐅᖅᑲᓕᒫᒐᖅ.

Uujaujaq
uqalimaagaq.

The book is green.

ᐃᒥᒐᔅᓴᖅ
ᖁᖅᓱᐊᖓᔪᖅ.

Imigassaq
quqsuangajuq.

The juice is orange.

Nunavummi